하루입니다

권애숙 시조집

가히 시선 016　　　　　　　　권애숙 시조집

하루입니다

가히

시인의 말

꽃의 울음을 바다의 이면에서 듣는다.

여전히 진행형,

그게 또 고맙다.

2025년 9월
권애숙

차례

시인의 말

제1부

괄호를 풀다 · 13
한 끗 · 14
읽지 않는 구역 · 15
섬이 뜨는 날 · 16
뜨신 별 · 17
여기는 옥성 · 18
귀소의 노래 · 20
역광의 힘 · 21
느린 전보 · 22
신화가 오는 방향 · 23
계단을 내려서며 · 24
송년 · 25
야생화 가문 · 26
Together · 27
신청곡 받습니다 · 28

제2부

사철 갑부 · 31

찔레꽃 이야기 · 32

게릴라 콘서트 · 33

구만산 뻐꾸기 · 34

아득하다, 달밤 · 35

기척을 쓰다가 · 36

곡신谷神의 편지 · 38

저물녘 · 39

6호가 지나갈 때 · 40

동백섬 한 바퀴 · 41

카페, 영도일보 · 42

천년의 언덕 · 43

저쪽 · 44

목요일 · 45

능금꽃 · 46

제3부

너머에서 왔어예 · 49

눈보라 드로잉 · 50

백야 · 51

다이아몬드 브리지 · 52

편도를 잃다 · 53

비린내가 익는 동안 · 54

여자꽃 · 55

먼동의 시간 · 56

토성지구 · 58

파도타기 · 59

비상구 · 60

플랜 · 61

꽃 짐 · 62

풋풋풋 · 63

아침 · 64

제4부

명화의 환속 · 67

break time · 68

기다릴게요, 입춘 · 69

포대기를 샀어예 · 70

구석이 깊다 · 71

야외무대 · 72

무안한 시절 · 73

눈뜬 달 · 74

분홍을 읽다 · 75

장미 송 · 76

강, 꼬리가 길다 · 78

하구에 닿아 · 79

여가 거다, 하늘소 · 80

신사평 · 81

버스킹 · 82

제5부

이런 공고 · 85

감속운행지역 · 86

는개 · 87

나이테 청청 · 88

사인회 · 89

하루입니다 · 90

봄, 로그인 · 91

이런 류 · 92

칼랑코에 한 소쿠리 · 93

비 그친 뒤 · 94

손 · 96

별 볼 일 많다 · 97

하모니카 저녁 · 98

물목 · 99

철이 없다 · 100

해설 막을 올려라, 절정의 스텝이다 · 101
   신상조(문학평론가)

제1부

괄호를 풀다

저물녘을 부려놓고
장르별로 바쁩니다

두근두근 둘러앉아 궁금한 속 만집니다

깍지들 터지는 소리
튀어 오르는 알콩달콩

칸칸이 꽉 찬 향기
삶아 볼까 볶아 볼까

큰 괄호 작은 괄호 열었다 닫았다가

더듬어 읽고 또 읽어
박수 소리 너섭니다

한 끗

가던 길 문득 멈춰 도랑 길섶 들춰봤나
엎드려 물든 발밑 뜻밖을 펼쳐봤나
행운은 꺾이고 접힌
솔기 사이 안 살겠나

바닥에서 버틴 시각 기형으로 변종으로
덤인 듯 나투시어 핏물 다시 돌릴 거라
손발로 가닿은 우리
낮과 밤도 그럴 거라

보일 듯 안 보일 듯 넌지시 열어놓은
이쪽저쪽 앞쪽 뒤쪽 동색으로 겹친 감쪽
환호다 웃음보따리
한 이파리 한 끗 차이

읽지 않는 구역

골목 하나 없구나 계단도 안 보인다
수직으로 쌓아 올린 숫자들만 벌어져서
너에게 닿는 것들이
휘청휘청 어지럽다

손바닥 발바닥도 쓸 일이 별로 없어
바닥이란 이름마저 까마득한 관념이네
높아서 별 볼 일 없는 건가
별이란 말을 모르는 건가

꿈이라 우겨대며 허공을 휘저으며
안개 같은 말들만 아득하게 내뱉잖아
고맙다 네 구역 덕분에
그 외 것들이 숨을 쉰다

섬이 뜨는 날

계단 층층 접으며
흘러내리는 꽃 그림자
붉은 섬 돌아나가는
먼 바람 발굽 소리
절정이 무너지는 소리
방향 없이 지는 소리

달 없는 봄밤이다
불 밝히기 좋은 날
지우기도 힘든 사연
꽃잎에 새겨 넣고
온몸에 심지 올린다
마중 가자 내일로

뜨신 별

조금 더 찬란하자 오늘과 약속해요

두근거리는 바람벽에 내일을 걸어두고

이별을 별리라 부르면 별 동네가 생길까요

기다림은 언제든 자리를 털어내고

꽃말은 끝끝내 실현되지 않아요

빈 곳엔 다른 풍경들 서둘러서 들앉을 뿐

이마에 그려 넣은 찬별들 반짝일 때

언덕에 당도한 울음 나무마다 꽃잎마다

전설은 생겨야지요 피어날 때도 질 때도

여기는 옥성

산자락 늙은 억새 고갯길을 닦을 때, 철새 텃새 강가에 모여 마른 부리 적신다

뒹구는 안부들 곁에 저를 쏟는 저물녘

당도하지 못했더나 완성체가 안 되더나 추억은 굽이치며 저녁을 끓여댄다

중심을 다시 만들며 구석 각을 세우며

낯설게 돌아올 당신을 위한 준비, 등 굽은 골짜기도 봉창뿐인 언덕도

바닥들 지번을 다져 깃대 하나 꽂았다

금성 화성 수성 혜성 아득한 이름들아 별이 된 이야기들 들어보자 이슥토록

여기는 별들의 집성촌
귀향하라 오버

귀소의 노래

흘러내린 능선 사이 붓 다시 씻어 들고 경계 허문 천지 만물 물색 곱게 칠을 하세
 화들짝 돌아온 이름 너와 내가 따로 없네

역광의 힘

드디어 당도했군 흔들리는 이 고요

앞세운 긴 그림자 밟으며 일으키며

부신 빛 등 그득 진 채 침묵마저 넉넉하오

어둠들 어우러져 능선을 물들이고

배경 사이 결로 흘러 진경을 살려내오

좌와 우 툭툭 건드리며 다시 눈을 씻는 바람

층층이 포개지는 이 산 저 산 앞산 뒷산

어디든 포토존이오 역광이 나 살리오

만추여 골마다 터진 전생 같은 후생 같은

느린 전보

바삭바삭 삭았구나
'아망개 소노이호'

여전히 암호 같다
비켜 찍은 마음자리

세상에 쏟아질까 봐 자리 바꿔 앉힌 고백

설렘을 덮고 덮어 날아온 그날 그 맘
망개 덩굴 잎새 사이 반짝이는 열매 같은
이 다정 이제야 보인다
'ㅅㄹㅎ ㅂㄱㅅㅍ'

신화가 오는 방향

얼룩들 어깨 넓혀 모퉁이도 짙어지고
뒷장들 부푸는 동안
멍 자국도 속을 풀고
가을이 오시능가 봐 발소리 층층이오

무성한 물색으로 주척주척 넘어오는
편편이 구석까지 추적추적 번져가는
당신은 온몸 흘려 쓴
표절 없는 신화이오

계단을 내려서며

오를 때도 세었던가
떨어져서 굴러가도

여기가 어디인가
둘러보지 말자고요

색깔도 보이는 대로
무늬 향도 생긴 대로

내려선 자리마다 가볍게 뜨는 발자국
수그린 걸음걸이 사방을 일으킵니다
층층이 내려서는 소리 오른 만큼 깊은 소리

송년

질척한 뒤끝들이 담벼락에 걸터앉아
물색 위에 물색들 겹무늬로 부품하다
번지수 다시 만들며 새로 쓰는 머리말

큰소리 쳐댔지만 비틀거리는 걸음이다
아득히 펼쳐놓은 그물도 찢고 가네
빈 깡통 고마 굴리고 씨앗이나 찾아보자

야생화 가문

어디에 던져놓아도
이름값 하는 종족

자리마다 진경이다 온몸이 이야기다

한자리 비집고 앉아
초원의 꿈 그려보자

Together

두 개 더 두 개 더

같이 함께 두 개 더

아들과 엄마 시끌시끌 골목을 올라간다

산동네 가파른 길들이 공부방을 열어준다

신청곡 받습니다

둑을 치며 흘러가는 물소리에 끌렸는가 날아가던 왜가리들 주춤주춤 앉습니다
바람아, 희롱을 하던 쑥부쟁이도 벌어집니다

버들피리 틀어 물고 늦은 봄 옆구리에 주척주척 늙은 신명 청춘 고개 넘습니다
보이소, 흘러가는 강물요 신청곡 받습니다

제2부

사철 갑부

찬바람 서식하는 산동네 오두막집, 방안에 텐트 치고 텐트 속에 이불 텐트
철철이 서로 비비며 여 아니마 어데겠노

별집이 수천 채에 날마다 다른 달집, 시절이 없고 가는 꽃집 물집 셀 수 없지
그렇지 진짜 갑부지 담을 넘는 정구지전

어여여 오시게나 등 그득 그대 등짐 샅샅이 풀어헤쳐 밤새워 반짝이세
여기가 사랑방이지 지상 별들 아랫목이지

찔레꽃 이야기

한동안 앓고 나니 낯설고 물이 설다

꽃 기침 후유증인 듯 비말 같은 소문들

잎잎이 열어젖히고 속내 낱낱 들춘다

꺾이고 접힌 곳곳 멍울들 솟아올라

꽃잎도 그늘까지 가시도 바다까지

진부한 계단 층층층 먼 객석까지 개방한다

게릴라 콘서트

발바닥 모로 세워 둥근 선 깊게 긋고
저물녘 모래 무대 다져가는 맨발 맨손
저만치 오는 파도 소리 막간마다 솟구친다

시 속의 여백인 듯 소설 속 그 외인 듯
행간에 들고 보니 우리 모두 주연이다
객석들 높이 띄우며 익어가는 초여름

구만산 뻐꾸기

당당한 배우 같다 불룩한 배 모아 안은

대낮의 저 뻐꾸기는 누구의 연출인가

구만리 넘고 날아서 멈춘 곳이 낯선 둥지

뒷발로 마구 지워댄 역사를 기억하라

끝나지 않는 울음의 뒷장 차마 어찌 기록하나

각주로 풀어서 달까 한 시대가 긁히는 소리

대물림 뒤 페이지 쪽수만 늘어나고

보이고 들리는 것 드라마라 하겠는가

그 무슨 미사여구가 세기의 사랑이라 덮겠는가

아득하다, 달밤

당신이 머나먼 길 무엇으로 찾아오든
엎드려 부은 발바닥 물집을 닦을게요
추워서 온몸을 떨면 마음 열고 품을게요

징검다리 새로 놓고 잠든 낮밤 깨워놓고
뒤척이는 먼먼 기척 연기 속에 흩날릴 때
창호지 녹슨 문마다 그려 넣는 흐린 얼굴

담장에 새겨놓은 세월은 아득해서
날개 터는 기침 소리 달빛 아래 희미한데
댓잎들 저를 흔들며 당신인 듯 서걱거립니다

기척을 쓰다가

부어오른 손가락이 한 며칠 미루잔다

옥탑방 창을 열고 시간을 던지는데 용마루 밟던 비둘기들 동그랗게 쳐다본다

재개발 소문 속에 가다 쉬다 주저앉은

이 골목 저 골목을 풀들이 먹어치운다 인기척 사라진 곳에 낯선 기척 시끄럽다

쓰는 사람 집인가요 기웃대는 바람 소리

헐렁하게 흔들리는 육손이 붙잡을 때 이름들 문패 속에서 흐릿하게 눈을 뜬다

가시가 없는 꽃을 꽃이라 할 수 있겠나 찔러보지 못한 가시를 가시라 하겠나

건너편 붉은 장미들
휘파람을 불어댄다

곡신谷神의 편지

내 오늘 버선발로 골짝을 딛고 선다
적삼 앞섶 풀어놓고 작심하여 부르노니
어쩌다 여기까지 왔노 가깝거나 먼 식솔들아
피었다 지는 일도 얼었다 녹는 일도
건너편 뒤편마저 속절없이 꺾였다나
마라이, 미리 손 놓는 거 뒤척이는 계산 같은 거
물릴 곳 많겠다고 온몸에 단 젖꼭지들,
고픈 배 부르튼 발 뒤편까지 물려놓고
세상을 살려내는 건 엄마라는 장르잖아
골골마다 깊은 뿌리 마를 일은 없을 끼라
뒤집어쓴 어둠 털고 울음통 터뜨리며
새 생명 오시는 기척 새벽보다 더 붉어야지

저물녘

어스름에 빨대 꽂고 한 생을 들이켰나
침으로 칠을 할까 얼음으로 얼려 볼까
즐기자 이 귀한 독기 약이 되는 한 시절

긁고 긁고 자꾸 긁어 긁을수록 가려웁다
벌겋게 부풀어 오른 독버섯 번져간다
도망간 시간도 이럴 거야 누군가를 몰래 버린

고맙다 벅벅벅벅 피나게 긁는 시간
살아날까 사라질까 고민도 찬란하다
미안타 세상에 없는 이 면역성 접수한다

6호가 지나갈 때

난장 안팎 다 열어놓고
입추를 맞이할 때
자지러지네 빗발치네
구석까지 뒤집히네
줄줄이 허풍들 달고
당도하는 소문들

봐라봐라 고마해라
지겹지도 않더나
안 캐도 다 나온다
태생, 방향, 속도, 속내,
좌우를 휩쓰는 것들
태풍뿐이라 카겠나

동백섬 한 바퀴

저기 저 해안가에 연 만지는 마음들
기다림은 너무 오래 가둬둔 말이지
접어둔 페이지마다 곰팡이꽃 피는 말

방패연 가오리연 마카 다 풀어주고
물소리 젖은 엽서 행간도 열어주고
바람길 저 곤두박질 등 두드려 띄워주자

파도는 솟구치는 맛 동백인 터지는 맛
첩첩이 아득한 바퀴 너머 너머 붉은 바퀴
맨발로 구르고 굴러 나에게도 몇 바퀴

카페, 영도일보

　시인의 뜰에 들어서면 못 본 별들 쏟아지고, 스며든 바닷바람 슬며시 손을 잡습니다
　페이지 행간들마다 없던 곳들 생겨나지요

　꽃 잔에 시를 풀어 천천히 마시는 동안, 먼 데서 와 마주 앉는 별 무리 부십니다
　그 언덕 내밀한 구석 이면까지 젖습니다

　천 권의 시집들과 하룻밤 묵고 나면 밑줄 그득 젖은 시향 아릿하게 출렁이죠
　영도는 특별한 행성 어는 것도 녹는 것도

천년의 언덕

휘어진 소나무들 눈을 업고 고요하다
새들도 소리를 접고 한적한 산비탈
말발굽 봄을 모는 소리
눈발 속으로 아득하다

오지 마라 돌아가라 재촉하는 바람아
죽음으로 살겠노라 달려간 발굽 차기
아픈 목 어루만지며
찬 눈발들 비껴간다

적들은 누구이며 아군들은 어디 있나
환호성 울지 않는 언덕 너머 승전고
천년은 여전히 달리는
눈발이다 눈물이다

저쪽

저기 저 건너편에
갈대 휘어진 강 너머에

붉은 이쪽 자랄까요
동녘인 듯
서녘인 듯

아득한 너머를 넘을
사방날개 돋을까요

질문은 강을 건너 젖은 몸 뒤척이고
대답은 갈대 사이 미끄러져 흘러가고
쪽들만 기웃거립니다 배도 노도 든 것 없이

목요일

코브라 목 닮았대요 꿈틀거리는 이 무늬

말문을 터뜨리던 날
목을 잡고 울던 당신

소낙비 늦은 가을을 훑으면서 흘렀지요

삼킨 말 뿌리로 번져 혹들이 늘어나고 아득한 통증 위로 걸터앉는 한나절
물무늬 바람 속으로 지워대며 웃었어요

능금꽃

너는 어디 어느 쪽을 홀리며 번지느냐

꿈길도 바람길도
흔들고 여닫으며

능금꽃
능금이 되는 길
능
수
능
란
앓고 앓고

제3부

너머에서 왔어예

줄기줄기 저를 포개 온몸으로 꿈틀댄다
어떤 뒤꼍 소망들은 벽 너머가 전부다
닫힌 창 흔들어놓고 터뜨리는 저물녘

그늘 건너 왔어예 사지 근육 키워가며
이 방향 만드는 데 생의 전폭 걸었어예
능소화 동물성 앞섶
허무 뚝
뚝 뚝
떨어진다

눈보라 드로잉

급보인 듯 휘날린다

눈보라 천지사방

지우고 또 덮어도

4월은 눈을 뜨고

꽃소식 어디에 묻혀

화폭 천리 진통인가

백야

빛으로만 흐릅니다
그곳에서 온 그 사람

잊었는지
잃었는지
울음마저 백지군요

이 태생
그늘이 없어
읽어내기 힘듭니다

다이아몬드 브리지

드디어 어둑어둑

저쪽이 생겨난다

철썩대는 마음을

너머로 걸쳐놓고

오는 이 더 찬란하게

가는 뒤편 더 부시게

편도를 앓다

  몇 날째 구겨집니다 편도표 다 구겨집니다 유턴도 하차도 없는 외길뿐인 길 위에서
  만남도 헤어지는 일도 편도를 앓는 목구멍입니다

비린내가 익는 동안

물목마다 세운 비늘
밀물 썰물 벗어내고

머리 꼬리 내장까지 없는 듯 텅 비운 듯

이 침묵 소쿠리 그득 세상 속으로 부활이다

여자꽃

개나리 담장 너머 언뜻언뜻 붉은 웃음
우물 옆에 장독 뒤에 숨은 듯 보이는 듯
길손들 그 집 그 꽃을 명자꽃이라 불렀지예

도시의 큰길가에 등 굽은 저 꽃나무
낯익은 꽃이파리 봄 내내 여닫아요
신호등 붉은색 뒤로 아득하게 저무는 해

먼동의 시간

엎드려 눈 못 뜬 채

나 울고 있을 때

문소리 나직하게

가만가만 흔들린다

일어나, 먼동의 시간이야

가야 할 길이 멀잖아

당신은 어둑하게

너무도 고요하게

둘둘 만 구름 카펫

세상 향해 펼치신다

믿어요, 거룩한 어둠이여

먼동 뜨겁게 길 나섭니다

토성지구

기다림이 키운 언덕
떠난 것은 돌아오지 않고

남은 것들 무성해져
옆구리가 짙고 깊다

그렇지 새를 닮은 꽃들
방향 지우며 날아가네

파도타기

이 물길 올라타면

솟구쳐 부서질까

무지개 걸쳐놓고

너는 허공 나는 공허

고요는 너무 불안해

던져보는 이 평정

비상구

몸 슬쩍 마음 슬쩍
언제든 밀기만 해

너를 위한 방향으로
문이 되어 기다릴게

자물통 다 열어놓고
붉은 심장 켜놓고

플랜

볼록한 꽃눈이다

걸터앉는 햇살이다

어제와 오늘 사이

가지 뻗는 내일이다

그림 속 감감한 얼굴

번져가는 무늬다

꽃 짐

바위 등 납작하게
영산홍 업혀 핀다

자면서도 붉은 웃음
울면서도 붉은 노래

이 꽃 짐
미끄러질까
꿈쩍도 않는 너럭바위

풋풋풋

감나무 가지 끝으로
풋감들 뜸이 든다

떫은 내 아득하게 던지며 익어갈 때

풋풋풋
기웃대는 새야
우리도 감감 날아볼까

아침

밤이 쏟아낸 얘기일까

모래밭이 젖었구나

허물어진 발자국에 잦아드는 그림자

아무도 기웃거리지 않네

뜨고 지는 바람길 위에

제4부

명화의 환속

흐르는 꽃잔디를 한 아름 안고 섰네 고흐의 화폭 찢고 걸어 나온 구두 두 짝 들앉아 그림이었던 주름 길이 어둡다

꿈도 잠도 아닌 생을 온몸으로 비벼 넣고 왁자한 저편으로 꽃의 방향 돌려놓고 그 집 앞 기다림 너머 재생 버튼 눌렀다

안고지고 졸라맨 그림자도 다부지다
피든지 꺾이든지 떨어지고 밟히든지
명화는 세상 뒤편까지 발소리로 칠을 하지

break time

익숙한 문 닫아걸고
낯선 곳으로 흘러갔나

저문 바람 발소리도
어깨동무 하고 갔나

먼 너머 무성한 소문
들춰봐야 별거 없제

연 듯이 닫은 듯이 행간 깊이 뜸이 든
고수의 밥상 봐라 편편이 명작 명품
가을아, 니 잘 만났다 겸상으로 한잔하자

기다릴게요, 입춘

얼었던 길 풀리네요
발병 한번 나볼까요

용마루 꼭대기에서 텃새들도 한 방향

좋아요 어여 오이소 모퉁이 돌아 달리 오이소

기꺼이 막을 올립니다
그대 위해 여는 무대

무늬로 번져가는 기다림이 곡진합니다

공연 중 다시 공연 중 동시다발 환영입니다

포대기를 샀어예

피고 지고 익는 족족
바닥까지 털리셨네

굽고 마른 등뼈 사이
텅텅 빈 울음 둥지

겨울은
해꿉기도 해라

업히 보이소 추운 당신

구석이 깊다

건너편 펼친 자리 불러도 못 들은 척

뒤편이 두드려도 꺾인 어깨 모르는 척

음지 꽃 터뜨리신 날 먼 곳들이 환하다

안고지고 수북하게 구석이 키운 얘기

들앉아 어둑하게 삭은 만큼 맛이 깊다

어떻게 풀어내어도 특별하다 너란 이름

야외무대

녹슨 이름 꺼내놓고 장엄한 저 여자들
건너온 길목들을 당겼다가 풀었다가
변주곡 오가는 사이
나비 가면 그렁하다

안개도 철새들도 방향을 다듬는 철
뒤편이든 속편이든 신명으로 좀 써보자고
찬바람 등에 업은 채
좌우로 찍는 발바닥

비탈로 흐르다가 광장에 고이다가
눈부신 주름 각들 일제히 반짝인다
저 절정 다이아몬드 스텝
발바닥표 보석이다

무안한 시절

  동전으로 긁어놓은 철 지난 복권인 듯 바람에 휘날리는 늦가을 낙엽인 듯 얼굴이 사라지고 없다 증명서에 붙어살던

  착한 색 참한 표정 경계 밖으로 풍화되고 중심에서 변두리까지 무안만 무성하다 어디로 흘러갔구나 그림자도 움푹 패여

  어떻게 읽어봐도 판정 불가 닳은 일생, 철새들 이착륙 소리 세상 구석 긁어댈 때 이 폐허 확실한 증명이다 등을 치는 찬 바람

눈뜬 달

다시 보면 저쪽이다 무심하게 한달음
깊숙한 어둠 열어 어느 번지 찾으시나

초행길 미로에 걸려 오락가락 맴도는 날

뒤척이던 이면도로 하나둘 불 내릴 때
아는 듯 모르는 듯 무심하게 여는 앞섶

세상 밤 다 들키겠다 눈 맞추는 들창들

분홍을 읽다

낮달맞이 분홍 꽃들 수북하게 피었어요
기다림 숭어리째 줄줄이 펼칩니다
아득히 꽃방 속으로
사라지는 뒤편들

비구름 잔뜩 묻힌 늙은 하현 구부리고
돋보기 흐린 바닥 금 가도록 닦습니다
분홍을 읽고 또 읽다
방향을 트는 기척

낮밤이 어디 있고 색깔은 또 무엇이고
그리웁고 그리워서 죽을 만큼 헤매봤나
고양이 담장 위에 누워
늦은 오후 핥습니다

장미 송

소용돌이 길을 열고

이번 생은 여기까지

돌아서 찰랑찰랑

손을 씻는 사람아

그림자 그 안팎까지

지워대는 사람아

가시에 찔린 자리마다

고여 드는 허공 봐라

사랑가냐 이별가냐

붉고 푸른 마디마디

요금은 착불이데이

찡긋 접는 사람아

강, 꼬리가 길다

　어디에서 오시는지 바람도 건들, 새들도 건들, 꼬리가 꼬리 물고 흔들리며 길어지며 저 붉은 뒷덜미 따라 기웃기웃 물이 듭니다

　늘어지는 건너편 낮아지는 풍경들 아득하게 고요하게 조금씩 문지르며 떠나는 서녘의 뒤태 오래도록 바라봅니다

　이 모든 것 다 품고 머리 들어 흔듭니다 긴 꼬리 길게 치고 먼 곳을 만들면서 무슨 꿈 풀고 계신지 눈빛 그윽 깊습니다

하구에 닿아

 걸음걸음 흘러흘러 여기에 닿았구나 물색으로 풀색으로 삼각주를 도는구나 하구에 저를 부리고 부은 발을 씻는 이여!

 부르튼 천리 여정 갯물 곁에 풀어내며 바다가 된다는 것 더 큰 여정 아니겠나 품 넉넉 열어젖히고 철썩철썩 다시 깨어

여가 거다, 하늘소

지친 몸 멈추고 잠깐 이 혹성에 올라타요 사라진 나룻배 한 척 슬쩍 그려 띄워봐요 낯선 길 돌아온 길 너머 건너편이 돌아나죠

LP판 돌아가며 잊은 시간 쏟아낼 때 울컥울컥 물이 드는 앞에 옆에 뒤에 멀리 여기가 거기 맞지에 따신 시詩가 흐르는 곳

심사평

와글와글 이 꽃밭
읽어내기 숨 가쁩니다

덧댄 꽃들 표정 없이
흔들림도 그림자도 없이

여백은 생명입니다
다음을 기대합니다

버스킹

파랑들 서로서로 뒤흔드는 늦가을

흐린 낮달 울컥울컥 천년을 쏟아낸다

편곡한 사랑과 이별 밀물인 듯 썰물인 듯

젖은 박자 포개는 모래밭 낮달 하나

듣는 이 있든 없든 지상을 흘러간다

이중창 예정에 없던 낮달들의 버스킹

제5부

이런 공고

피 묻은 날개 한 쌍 사거리가 납작하다

바퀴들 멈칫멈칫
행인들 기웃기웃

더듬는 어깻죽지들 건너편이 사라진다

감속운행지역

어디에서 출발해도 노선은 일방이다

너 없는 계절들이 터널을 만들 동안

바깥은 속도를 잃고 딱지만 쌓여가네

어디를 둘러봐도 직진밖에 길이 없어

감속 변속 조절만이 안전운행 구간이다

사람아, 너란 터널은 출구마저 아득하다

는개

무명 필필 풀어내며
안개비 번져간다

아득아득 구석구석
느리게 젖는 강물

먼 마실 흘러내린다
구멍마저 뭉개진다

나이테 청청

온몸으로 엮었어예
뿌리내려 피었어예

하루를 수년인 듯
양지에도 음지에도

야생화 이름 자리를
신명으로 채웠어예

사인회

강 마실 그 아이들
저를 쓴 지 반백 년이다

갈라 터진 바닥을 잡고
울어대던 목차들 보라

완성한 전권에 넘치는
이름마다 대양일세

하루입니다

어디에서 오시나요

토막으로 완성으로

번지는 빛과 어둠 전편에서 후편까지

쥐여준 바통을 들고

우물쭈물 저뭅니다

봄, 로그인

방방이 캄캄하다
살얼음 낀 구석구석

좌심방 딸꾹 소리
금이 간다 우심방

새벽달
환한 기별에
툭 터뜨리는 문고리

이런 류

허공에 매달려도
눈뜨고 흐를 거다

알알이 익힌 속내
바닥까지 터질 거다

맛없는 곳곳 새 맛으로
새 번지를 만들 거다

칼랑코에* 한 소쿠리

노랑 별꽃 쏟아놓고 겨울 문 내리던 날

니 제목이 뭐꼬?

더디 온 봄이 물었다

으, 설렘

마다가스카르 먼 섬이 우릉,

흘러들었다

＊장미목 돌나물과. 원산지 마다가스카르. 꽃말 설렘.

비 그친 뒤

젖은 햇살
잠깐 슬쩍

옆구리
두드릴 때

후줄근 처진 옷 사이
삭은 몸 얼비친다

비바람
활짝 막아주던
젊은 한때
그윽하다

쑤시는 시간 점방 옆에
편안하게 기대 놓고

아무도 들지 않는

우산의 노래 흥얼댄다

그렇다
지금부터다
마지막 장
생의 절정

손

꽃 지는 그늘마다
빈방 있음 붙어 있다

칸칸이 날개 소리
기웃기웃 더듬는 손

숨소리 늙은 오후도
들창 들고 덜컹 댄다

별 볼 일 많다

어딘가는 뚫리겠다
들썩거림 멀지 않다
깊은 곳 골골마다
각을 접고 금을 긋고
이 캄캄 분간도 없는
골방들도 뜨겠다

별 볼 일 없는 세상
별 만질 일 많아졌다
별들 곁에 별이 되는
별별 소리 보고 듣다
별들아 고마 다시 접자
별의별은 되지 말자

하모니카 저녁

이 많은 구멍구멍
누가 왜 열었다누

뚫린 속 한 칸 한 칸
속내 텅 비워놓고

이제는 없는 사람아
무음이 된 사람아

어둠이 그득 고인
흐느낌이 낸 길 따라

바위고개 밝은 달들
고요히 걸어 나와

그 강물 물길을 바꾼다
소용돌이 빠르다

물목

먼 길 흘러온 한 사람
물목에서 서성인다

부르튼 손발 철썩대며
품어 온 것 풀어낸다

오독을 건너온 길들이
페이지마다 새 역사다

철이 없다

꽃철이 따로 없다
눈철이 어디라노

사라진 경계 위에
달력들 펄럭거린다

동지여, 떠나지 못한 발길
못 푼 짐이 무엇인고

해설

막을 올려라, 절정의 스텝이다

신상조(문학평론가)

가락·신명·희열

권애숙의 시는 유쾌하고 매력적이며 재기발랄하다. 콜리지는 말한다. "시는 최선의 언어를 최선의 순서로 나열한 것이다." 정형률을 기본으로 하는 시조에서 까슬거리는 봉합선 하나 없이 매끈하게 펼쳐지는 권애숙 시의 리듬과 운율과 호흡은, 콜리지에 따르면 언어의 나열로부터 발명되는 또 다른 체험적 감각이라 해도 틀리지 않는다. 가락이란 개인의 고유한 숨결 따라 이루어지므로, 말을 부리는 '장인의 직관'은 권애숙 시의 문학적 자질에 대한 정확한 묘사라 하겠다.

가락의 자연스러움을 바탕으로 하는 『하루입니다』는 구르고 멈추고 다시 움직이는 동태성動態性으로 충만하다. 이러한 시의 에너지는 '신명神明'과 '희열Bliss'의 경계를 넘나든다. 신명은 한국인의 내면에 깊이 자리 잡은 독특한 정서이자 문화적 에너지로, 단순한 흥이나 즐거움을 넘어, 한恨과 같은 억압된 감정을 해소하고 삶의 활력을 되찾는 역동적인 정신 상태를 의미한다. 이성적 논리를 초월하게 하는 신명은 개인적인 감정에서 시작되지만, 굿, 농악, 탈춤 등과 같은 공동체적 활동을 통해 집단 전체로 확산된다. '신바람'이라는 표현처럼, 한 사람이 일으킨 흥이 모두에게 전달되어 함께 어우러지는 사회적, 문화적 현상으로 나아감은 한국적 신명의 특징이다. 이후에 살펴보겠지만 불특정 다수의 청자를 대상으로 말 건넴과 청유형의 화법이 잦은 권애숙의 시는 분명 공동체적 신명과 관련한다. 신명이 한국인이 가진 "문화적 기호 체계"라는 면에서 그의 시는 형식뿐 아니라 내용 면에서도 전통을 탁월하게 계승한다.

한편 권애숙의 시에서 에너지를 자유롭게 풀어놓는 천진한 명랑성은 조셉 캠벨의 "당신의 희열을 따라가라 Follow your bliss"를 떠올리게 만든다. '희열'은 일시적인 기쁨이 아니라, 자신이 진정으로 온전한 현재에 존재하고 있다고 느끼는 상태, 즉 자신의 본질과 연결되어 있음을 아는 깊은 만족감을 의미한다. 그는 사람들이 사회의 기대나 의무에 맞춰 사는 '프로그래밍 된 삶'에서 벗어나, 내면에서 우러나오는 희열을 따라갈 때 비로소 자신에게 맞는 고유한 삶의 길을 발견하게 된다고 주장한다. 이 글은 권애숙의 시에서의 신명과 희열을 확인하는 방향으로 진행될 것이다.

내면의 목소리·주체의 고독

 권애숙의 시는 맥박이 빠르다. 그녀의 시를 해가 따뜻하게 내리쬐는 겨울 오후, 언 손을 녹이며 마시는 한 잔의 차처럼 천천히 읽기란 불가능하다. 시는 바람에 줄이 팽팽해진 연처럼 하늘 높이 떠오르거나, 맨발로 구르고 구르는 바퀴처럼 전심을 다해 앞으로 달려간다. 함께 읽어볼 「동백섬 한 바퀴」는 권애숙 시의 역동성을 흥미롭게 보여주고 있다.

저기 저 해안가에 연 만지는 마음들 -①
기다림은 너무 오래 가둬둔 말이지 -②
접어둔 페이지마다 곰팡이꽃 피는 말 -③

방패연 가오리연 마카 다 풀어주고 -①
물소리 젖은 엽서 행간도 열어주고 -②③
바람길 저 곤두박질 등 두드려 띄워주자 -①

파도는 솟구치는 맛 동백인 터지는 맛
첩첩이 아득한 바퀴 너머 너머 붉은 바퀴
맨발로 구르고 굴러 나에게도 몇 바퀴
　　　　　　　　—「동백섬 한 바퀴」 전문

 이 시는 여운을 남기는 명사형 종결이 많은데, 특히 제목 '동백섬 한 바퀴'와 셋째 수 종장은 생략된 서술어가 무엇일지를 곰곰이 짚어보게 만든다. 우선 떠오르기는 프랑스 동요 〈수탉이 죽었다〉에 윤석중 선생이 한국어 버전으로 가사를 붙인 노래의 한 구절이다. 돌림으로 부르며 행진하는 노래의 씩씩한 분위기가 「동백섬 한 바퀴」와도 제법 어울린다. 다음으로, 필자가 시에 임의로 붙인 숫자 기호들은 장끼리 대응하는 양상을 간명하게 보여주기 위함이다. 다시 말해 둘째 수의 초장과 종장은 첫째 수의 초장과 대응하고, 둘째 수 중장은 첫째 수 초장과 종장에 대응한다.

「동백섬 한 바퀴」는 화자가 대상의 존재론적 변화를 촉구하면서 시상이 전개되고 있다. 첫째 수의 "연 만지는 마음들"은 인격화된 동백들로, 동백은 '기다림'이라는 정서를 곰팡이가 필 정도로 내면에 가둬두기만 하는 수동적 존재로 그려진다. 화자는 그런 동백을 향해 표현하고자 하는 '마음'의 상징인 연을 "바람길"로 "곤두박질"하더라도 "등 두드려" 날려주자거나, 가둬두고 접어둔 마음의 페이지를 펼쳐서 마음껏 드러내라고 권면한다. 자기 내면의 목소리에 귀 기울이는 이에게는 행위가 뒤따르게 마련이다. 시인은 이때 '모두'라는 의미를 지닌 경상도 방언 "마카"를 아무렇지 않게 사용하는데, 이는 관습화된 화법에 균열을 내며 시인만의 독특한 정서를 창조해 낸다.

연을 날리는 행위는 자의식을 억누르는 인습적 이데올로기에 구애받는 대상을 사회적·심리적 억압으로부터 해방시켜주는 일종의 유희다. 화자에 따르면 진정한 자아가 상실되

거나 은폐되지 않을 때 "파도가 솟구치"듯 삶의 진정한 "맛"이 솟구치게 된다. 셋째 수 종장의 "맨발로 구르고 굴러"는 삶의 비애를 극복하려는 의지, 또는 그것의 실현을 위한 구체적 몸짓이다. "첩첩이 아득한 바퀴 너머 너머 붉은 바퀴"는 자유로운 정신과 창조적 열정이 전진과 확장을 거듭하며 시도되어야 함을 뜻한다. 시는 이렇게 마무리될 만하지만 여기서 끝나지 않는다. 화자는 그러한 맨발의 의지가 '동백'에게만 아니라 "나에게도 몇 바퀴" 필요하다고 말함으로써 시에 짙은 여운을 더한다. 이로써 동백이라는 자연물이 화자 자신의 상황을 빗댄 의미로 쓰이거나 화자의 상태를 부각하는 기능을 하고 있음을 알 수 있다. 시는 기본, 자기 고백에 능하다. 동백꽃 피는 풍경을 주목하는 「동백섬 한 바퀴」는 자기 성찰적 고백이자, 우리 삶의 존재 방식에 굳어져 있는 무기력을 에둘러 깨치는 상상력으로 활기차다.

개인적 감정의 순화를 시적 정서로 삼는, 내면화된 순응주의를 벗어나려는 의도는 "조금 더 찬란하자"라고 "오늘과 약속"(「뜨신 별」)해서이며, 그러한 '오늘'이 그 역시 찬란한 '내일'을 마중하는 일이기 때문이다. 완벽한 현재란 이상일 뿐이므로 비록 '오늘'이 그 안에 결핍을 지니고 있겠으나, 권애숙의 시는 그것을 극복하고 메우려는 의지로 넘친다. 그런데 무엇으로 극복하고 메우는가가 중요하다. 그런 의미에서 「섬이 뜨는 날」은 시인이 단순히 정서적 낭만을 변주하는 자가 아님을 보여주는 하나의 메타포다.

계단 층층 접으며
　　흘러내리는 꽃 그림자
　　붉은 섬 돌아나가는
　　먼 바람 발굽 소리
　　절정이 무너지는 소리
　　방향 없이 지는 소리

　　달 없는 봄밤이다
　　불 밝히기 좋은 날
　　지우기도 힘든 사연
　　꽃잎에 새겨 넣고
　　온몸에 심지 올린다
　　마중 가자 내일로
　　　　　　　　　―「섬이 뜨는 날」 전문

　"절정이 무너지는 소리"와 "방향 없이 지는 소리"는 거센 바람으로 인해 꽃이 떨어지는 시각적 심상을 청각적 심상으로 전이시켜 놓은 구절이다. '절정'이 지난 꽃의 향방 없음은 상처와 실패로 흔들리는 존재의 위기를 드러낸다. 나아가 말발굽처럼 요란한 바람 소리와 달도 뜨지 않은 섬 풍경은 기댈 곳 없는 주체의 내면이 캄캄한 공포로 잠식당해 있음을 암시한다.
　그러나 "달 없는 봄밤"이므로 오히려 "불 밝히기 좋은 날"이라는 발상의 역전은 "지우기도 힘든 사연"이라는 고통과 절망을 인정하는 데서 비롯한다. 부정을 부정으로 극복하는 불가능한 도전이 있기 이전, 이미 주체는 무너지는 절정과 방향 없이 나부끼는 무상함을 통과해 왔다. 레비나스에 따르면 "주체의 고독은 그가 주인이 된 '존재한다'는 사실과의 관계에서 생겨난다. 존재에 대한 이러한 지배는 시작할 수 있는 능력, 곧 자신으로부터 출발할 수 있는 능력"이다. 바꿔 말하면 "온몸에 심지"를 올리듯 스스로 불타오르는 고독한 주체만이 결핍된 자신으로부터 용감하게 출발할 수 있다. 「섬이 뜨는 날」은 '오늘'의 결핍을 메우고 '내일'을 마중하기 위한 해답으로 주체의 고독을 제시한다. 이 시는 낙화 분분한 섬을 매개로 현실의 절망적 상황을 반영하는 슬픔의 현상학인 동시에, 절망의 상황이 끝없이 지속되는 걸 거부하는, 스스로가 주인이 된 자가 부르는 드높은 노랫소리다.

말 건넴 화법·청유 화법

권애숙 시의 밑바탕을 이루는 '주체의 고독'은 완전하고 자족적인 주체가 '홀로 서 있음'으로써 갖추게 된 자손의식으로, 자신이 진정으로 온전한 현재에 존재하고 있음을 아는 데서 오는 깊은 만족감이다. 이는 자기 정체성과 이타성이라는 대립적이면서도 상호보완적인 원리에서 후자 쪽으로 기우는 시의 양상으로 입증된다.

시인은 "바다이란 이름마저 까마득한 관념"(「읽지 않는 구역」)이라며 아무도 읽지 않는 구역을 주목하거나, "꽃의 울음을 바다의 이면에서 듣"(「시인의 말」)기 위해 귀 기울인다. '꽃'과 '바다'는 섬이라는 매개물이 불가피한 이질적 대상들이다. 전자의 울음을, 그것과 공간을 함께할 수 없는 후자의 이면에서 듣는 일이란 앞서, 관념에 오염되지 않은 구역을 주목하는 행위와 통한다. 요컨대 타인에 대한 공감과 동감의 시적 가치를 실천하려는 노력은 말 건넴과 청유형 화법의 잦은 출현이라는 특징을 갖는다. 함께 읽을 「곡신谷神의 편지」는 이타성 중에서도 모성을 본질로 하는 여성 신화적 모티프가 활달하게 운용된 작품으로, '식솔들'로 지칭하는 대상들에게 건네는 말 건넴의 화법이 두드러진다.

> 내 오늘 버선발로 골짝을 딛고 선다
> 적삼 앞섶 풀어놓고 작심하여 부르노니
> 어쩌다 여기까지 왔노 가깝거나 먼 식솔들아
> 피었다 지는 일도 얼었다 녹는 일도
> 건너편 뒤편마저 속절없이 꺾였더냐
> 마라이, 미리 손 놓는 거 뒤척이는 계산 같은 거
> 물릴 곳 많겠다고 온몸에 단 젖꼭지들,
> 고픈 배 부르튼 발 뒤편까지 물려놓고
> 세상을 살려내는 건 엄마라는 장르잖아
> 골골마다 깊은 뿌리 마를 일은 없을 끼라

뒤집어쓴 어둠 털고 울음통 터뜨리며

새 생명 오시는 기척 새벽보다 더 붉어야지

―「곡신谷神의 편지」 전문

  인용 시는 시인이 즐겨 찾는 계곡의 형태와 노자의 도덕경 6장에서 착상이 이루어진 것으로 여겨진다. 노자는 비움을 설명하기 위해 계곡과 여성의 자궁을 비유로 든다. "谷神不死곡신불사 是謂玄牝시위현빈 玄牝之門 是謂天地根현빈지문 시위천지근 綿綿若存 用之不勤면면약존 용지불근" 즉 계곡의 신은 죽지 않는다. 이를 일러 현빈이라 한다. 현빈의 문은 천지의 근원으로, 계곡이나 풀무, 바퀴통 등과 같이 존재의 본질로써 도의 세계가 가지는 비움과 무한성이다.

  반면 권애숙 시의 '곡신'은 텅 비어서 무한한 충만이 아니라 꽉 차 있음으로써 저절로 흘러넘쳐 빈 곳을 채우고, 마른 것을 살려내는 충만이다. "고픈 배 부르튼 발"을 가진 대상들을 대하는 곡신은 "버선발로 골짝을 딛고" 서는 데서 우선 그 태도의 자발성과 적극성이 드러난다. '버선발로 뛰쳐나온다'란 상대방을 매우 반갑게 맞이하거나, 어떤 소식에 놀라 급하게 딜러 나갈 때 사용하는 관용적 표현이다. 이러한 화자이기에 그의 사랑과 연민은 "미리 손 놓는" 나약함이나 "뒤척이는 계산 같은" 손익계산과는 상관이 없다. "마라이"라는 방언은 '하지 말라'는 명령어이면서 이리저리 재는 태도를 혐오스러워하는 탄식이다. "가깝거나" 멂을 따지지 않고 저고리 "앞섶 풀어" 골고루 젖을 먹이는 곡신은 모성을 상징한다. "세상을 살려내는 건 엄마"다. "물릴 곳 많겠다고 온몸에 단 젖꼭지들"은 노자의 발상에서 차오르는 '물'의 상징성은 빌리되 자궁에서 유방으로의 신체 이동을 통해 흘러넘치는 동태적 현상을 새로이 부각한다. 노자의 곡신이 어떤 근원이나 토대를 연상시킨다면, 권애숙 시의 곡신은 품고 먹이고 자라게 하는 흐름과 운동 발생 이후의 이미지를 함의한다.

 시의 기본적 발화 형식은 자기 독백적이다. 독백은 은밀한 자기만의 세계를 투영하며, 이따금 타인과 공유할 수 없는 내밀한 세계로 치닫거나 침잠하기도 한다. 그러나 구분된 세계 속의 자아인 너와 나는 말 건넴이나 청유의 과정에서 일체가 됨으로 말미암아 조화로운 세계를 구축하기도 한다. 「곡신谷神의 편지」가 발현하는 가열한 모성이 "식솔들아" 하며 "작심하여 부르"는 말 건넴으로 실현되었다시피, 『하루입다』는 어조는 말 건넴과 청유가 넘쳐난다는 점에서 남다르다. 다음에 읽어볼 「한 끗」 역시 말 건넴 방식을 통해 너와 나가 결국 '우리'로 나아갈 수 있음을 어조라는 형식으로써 가시화한다.

  가던 길 문득 멈춰 도랑 길섶 들춰봤나
  엎드려 물든 발밑 뜻밖을 펼쳐봤나
  행운은 꺾이고 접힌
  솔기 사이 안 살겠나

바닥에서 버틴 시각 기형으로 변종으로
덤인 듯 나투시어 핏물 다시 돌릴 거라
손발로 가닿은 우리
낮과 밤도 그럴 거라

보일 듯 안 보일 듯 넌지시 열어놓은
이쪽저쪽 앞쪽 뒤쪽 동색으로 겹친 감쪽
환호다 웃음보따리
한 이파리 한 끗 차이

—「한 끗」 전문

 너와 나, 낮과 밤, 이쪽과 저쪽, 행운과 불운의 구분이 무의미함을 역설하는 「한 끗」은 '행운'이 자기만 비껴간다고 불평하는 사람들에게, 관심이 미치지 않은 "꺾이고 접힌/솔기 사이"가 오히려 행운이 자리한 곳임을 말해준다. 예컨대 벨기에의 극작가 모리스 마테를링크가 쓴 동화 「파랑새L'Oiseau bleu」에서 틸틸과 미틸 남매는 병든 소녀에게 행복을 가져다줄 새를 찾아 모험을 떠난다. 남매는 아무런 소득 없이 집으로 돌아오는데, 놀랍게도 그들이 기우던 새장 속의 새가 바로 파랑새였다. 마찬가지로 권애숙 시의 "꺾이고 접힌/솔기 사이"는 바로 각자의 집에 놓인 이러저러한 '새장'을 가리킨다. 흔히 행운의 상징이라 여기는 네잎클로버가 세 잎이 정상인 토끼풀의 예외이듯, 알고 보면 행운은 정상에서 벗어난 "기형"이거나 "변종"이고, 행운과 불운의 차이라야 기껏 "한 이파리 한 끗 차이"에 불과하다.

"나투시어 핏물 다시 돌릴 거라"라는 구절은 '나타나 다시 핏물을 돌리다'란 의미로, 새 생명의 힘찬 맥박을 암시한다. 이로써 "이쪽저쪽 앞쪽 뒤쪽"이 겹쳐놓고 보면 "감쪽"같이 "동색"이라는 전언은 단순히 서로 닮은 존재가 아닌 '되기devenir, becoming'로 확장된다. '되기'는 어떤 존재가 다른 존재로 변하는 것이 아니라, 기존의 상태에서 벗어나 새로운 가능성을 탐색하는 역동적 움직임, '나'라는 고정된 주체성을 해체하는 과정이기 때문이다.

「한 끗」에서 '너'에게 하는 질문은 '나'를 포함한 '우리 모두'에게 적용되는 답을 내리기 위함이다. 권애숙의 시에서 '말 건넴'과 '청유'의 차이는 그야말로 '한 끗'이다. "마중 가자 내일로"(「섬이 뜨는 날」), "귀향하라 오버"(「여기는 옥성」), "물색 곱게 칠을 하세"(「귀소의 노래」), "둘러보지 말자고요"(「계단을 내려서며」), "씨앗이나 찾아보자"(「송년」), "초원의 꿈 그려보자"(「야생화 가문」), "보이소, 흘러가는 강물요 신청곡 받습니다"(「신청곡 받습니다」) 등, 시집 1부에서만 가려 뽑아도 화자는 시의 어조 일반을 차지하는 독백보다 말 건넴이나 청유형의 어조를 구사하는 예가 압도적으로 많다. 이러한 어조는 독자나 대상에 친근한 느낌을 주기에 화자와 이들 사이의 거리를 좁힌다. 특히 청자에게 행동을 제안하는 청유형 어조는 독자가 시적 경험이나 행동을 공유하는 듯한 효과를 갖는다. 권애숙의 시에서 '나'와 '너' 혹은 '당신'이라는 인칭이 '우리'로 확장됨이 잦은 이유다.

그리고 춤,

"가을아, 니 잘 만났다 겸상으로 한잔하자"(「break time」)는 대상의 인격화, 말 건넴, 방언의 사용 등, 상황과 인식을 생생하게 전달하는 권애숙 시의 특징을 선명히 드러내는 구절이다. 이와 같은 화자의 진솔한 태도나 친근한 어조는 어떤 어려움을 함께 이겨내거나 새롭게 시작하자는 긍정적이고 적극적인 의지를 표현하는 데 효과적이다. 말 건넴이나 청유형의 제안을 통해 화자와 독자 사이에 공동체 의식이나 연대감을 전적으로 도모하기, 이것이 『하루입니다』에서 시인이 이룩한 존재론적 삶의 방식의 독특함이다. 이는 '무대의 막'을 올리거나 '춤'을 추는 행위의 구체성을 통해 실현된다.

> 얼었던 길 풀리네요
> 발병 한번 나볼까요
>
> 용마루 꼭대기에서 텃새들도 한 방향
>
> 좋아요 어여 오이소 모퉁이 돌아 달리 오이소

기꺼이 막을 올립니다

그대 위해 여는 무대

　　　　　　　　　　—「기다릴게요, 입춘」 부분

녹슨 이름 꺼내놓고 장엄한 저 여자들

건너온 길목들을 당겼다가 풀었다가

변주곡 오가는 사이

나비 가면 그렁하다

안개도 철새들도 방향을 다듬는 철

뒤편이든 속편이든 신명으로 좀 써보자고

찬바람 등에 업은 채

좌우로 찍는 발바닥

비탈로 흐르다가 광장에 고이다가

눈부신 주름 각들 일제히 반짝인다

저 절정 다이아몬드 스텝

발바닥표 보석이다

　　　　　　　　　　—「야외무대」 전문

「기다릴게요, 입춘」은 오는 봄에 대한 기대와 설렘을 "기꺼이 막을 올"린다는 표현으로 대신한다. 1수의 "발병"은 '나를 버리고 가시는 님'이 걸리는 그 병이 아니다. 「야외무대」에 적용해 본다면 발병은 "좌우로 찍는 발바닥", 현란한 "다이아몬드 스텝"이다. "녹슨 이름"이라는 표현으로 봐서 춤의 삼매경에 빠진 "장엄한 저 여자들"은 오랫동안 자기 이름을 잃고 누구의 엄마이거나 아무개의 아내로만 살아온 여자들이다. 그러므로 발병이 나도록 밟아대는 다이아몬드 스텝은 "건너온 길목들"이 엉겨 붙는 것을 떼어내려는 몸짓이요, 인생 후반부에 들어 용감하게 생의 "속편"을 쓰려는 정신의 반응이다. 현실을 굳건하게 믿고 선 표상으로서의 "발바닥표"가 "보석"이라는 메타포는 시집 전체를 관통하는 인생관의 기저를 이룬다.

『하루입니다』는 부조리하게 이곳에 던져진 우리("어디에서 오시나요")가 "토막으로" 혹은 "완성"의 형태로 삶이 "쥐여준 바통"을 들고 열심히 달리다가 "우물쭈물 저"(「하루입니다」)물어가야 할 실존적 존재임을 모르지 않는다. 무너지는 절정과 향방 없이 나부끼는 무상함을 통과한 '주체의 고독'은 권애숙 시의 자기 정체성과 자존의식을 형성한다. 그런즉 시인은 "행간에 들고 보니 우리 모두 주연이다"(「게릴라 콘서트」)라고 노래한다. '신명'과 '희열'의 경계를 넘나드는 그녀의 시는 단순한 흥이나 즐거움을 넘어, 한恨과 같은 억압된 감정을 해소하고 삶의 활력을 되찾는 역동적인 상태로 시의 에너지를 증폭시킨다. 시가 삶의 경험을 해석하는 양식이라고 할 때, 이 시집은 '여전히' 삶의 절정인 오늘과 다가올 미래에 대한 긍정적 해석의 한 양식이다. 새벽보다 붉은 황혼을 노래하는 절창이다.

가히 시선 016

하루입니다

ⓒ 권애숙

초판 1쇄 인쇄　2025년 9월 1일
초판 1쇄 발행　2025년 9월 10일
　　　지은이　권애숙
　　　펴낸이　김석봉
　　　디자인　헤이존
　　　펴낸곳　문학의전당
　　출판등록　제448-251002012000043호
　　　　주소　충북 단양군 적성면 도곡파랑로 178
　　　　전화　043-421-1977
　　전자우편　sbpoem@naver.com

　　ISBN　979-11-5896-708-6　03810

* 이 책의 판권은 지은이와 문학의전당에 있습니다.
* 양측의 서면 동의 없는 무단 전재 및 복제를 금합니다.
* 잘못 만들어진 책은 바꿔드립니다.
* 이 시집은 2025년 부산광역시, 부산문화재단 '부산문화예술지원사업'의
　지원을 받아 제작되었습니다.